Ernst Heimes
Schwindend im Dämmer

Gedichte Bilder

Edition der Buchhandlung

Dieses Buch wurde herausgegeben in der Edition der Buchhandlung Heimes Entenpfuhl 33-35 56068 Koblenz, info@buchhandlung-heimes.de
www.buchhandlung-heimes.de
Hier, sowie im Internet-Shop der Buchhandlung erhalten Sie sämtliche lieferbaren Bücher, insbesondere die Bücher von Ernst Heimes.

Herstellung und Verlag: BoD - Books on Demand, Norderstedt

ISBN 978-3-7357-9082-8

Morgengrauen

der Morgen graut
die Sonne kommt am Horizont hervor
der Baum, er schaut
zu ihren Strahlen still empor
der Fluss, er zieht sich durch das Tal
voll Nebelschwaden überall

Stille herrscht noch auf den Straßen
wie versteinert alle Gassen
Horch! die Vöglein singen
sie dir ein frohes Lied anstimmen
der Morgen ist die schönste Zeit
wenn alles aufwacht weit und breit

        Maik Drobneski, 12 Jahre

Schwindend im Dämmer

Still war es im Moseltal zur Zeit meiner Kindheit. Das Elternhaus bot Sicherheit. Gelebt wurde auf den Straßen des Dorfes. Jeder kannte eines jeden Namen und wusste, zu welchem Haus er gehörte. Ungeniert bewegten wir uns in allen Gassen, Höfen und Gärten. Die Moselberge umschlangen unser Dorf wie mächtige, schützende Arme. Hinter ihnen lag die Welt. Aber hier war ihr Inneres. Durch die Mitte von allem strömte der Fluss. Seine Nähe suchten wir.

Mittag bei Licht

der Vater
die Straße herauf am
Mittag

das Kind
am schweren Gangbild
gewahrt es ihn

und rennt
sinnt auf sich breitende
aufnehmende Arme

taumelt atmet
Vorfreude den Duft
der Arbeitsjacke nach

Schweiß und Wein
heben die Hände greifen
hart in den Achseln

glücklich noch
eben nachsehen im Keller
ohne Warum

Düfte nach Schwefel
Holzfass Rauchfleisch und Kraut
leichte Schritte

schnell die Treppe
hinauf höchste Zeit dass
ihr kommt!

Von Cond nach Löf

ihre Namen und Gesichter laufen
durch die Höfe meiner Kindheit

die Zuversichtigen
die Irdenen
Bastzöpfe schwingen über
ihren Schürzen
frühestes Lied klingt in
ihrer Sprache

dort
in Cond
sind sie längst nicht mehr

ein Grabstein selten
ein Gespräch mag an
sie erinnern

doch hier wenn
ich unreife Trauben
zähle zwischen

handtellergroßen Weinblättern
Lichtbilder zwinkern raunen
sie vertraut in meinen Tag

Sommerlicher Wetterwechsel

ja nicht nein nicht
schwere Losigkeit

tief will Schwüle
will Verdruss von
Herz zu Herz

tasten doch
da Herzen fehlen
raumlos

ja nicht nein nicht
und fort nicht und
nicht da

Romanze

so viele Schwalben hat
der Sommer auf die Drähte gesetzt

hat der Amsel aus Efeudickicht einen
Nistplatz gebaut

und mir einen Schatten unterm
Flieder bereitet wo der Mittag summt

zwischen Himbeerzäunen und einem
fernen Lied aus Kindergeschrei

bitte vorsichtig berühren
sehr zerbrechlich

Am Waldrand

Vorsängerin Amsel
jauchzt und der ganze Wald
fällt ein in ihren Sonnengesang
ihr Rosenkranzgebet

ich sagst du
tauge als dein
wippendes Chaiselongue auf
der Bank nah beim Alzbach

der grummelt
zwischen Steinen und
bei kleinen Stürzen
einen stattlichen Bass

Franziskus Moselanus

Im Schatten eine leichte
Speise in den Farben
Italiens Auslese vom
Weinberg schräg überm Fluss

den Vögeln überlasse
ich mein Paradies

Menschen wie Margareta M.

nie stirbt solange ich lebe
ihre Zuversicht
verschafft das Dorf zu bevölkern
unsterblich zu sein wie
ein Tag meiner Kindheit

Moselabwärts

morgens der erste
Paddelschlag in
sündlose Flusshaut
unwiederbringlich bis morgen

im stampfenden Rhythmus
unseres Liedes ist es
noch Fahrt schon Flug das
uns trägt

wächst uns zur Haut
unser Boot unser
kleines Zuhause geleitet uns durch
die Erdenader

und nimmt uns und führt
uns von Biegung zu Biegung
auf schützender Tiefe der Fluss
unser Freund

An den Dichter
für Reiner Kunze

für die Türen die
du öffnest im Wort

Gebete
durch Mauern und
Stacheldraht

Unbekümmert davor

hinterm Atelierfenster
Maler
hat deine Frau ein Bild aus
rosa und blauen Klematis und
Sonnenblumen gemalt
aus Begonien und Tränendem Herz
Farnen Lilien und Flieder

mittenrein
ein blauer Stuhl
mit einem Tisch
Kerzenscheinabende verheißend
mit trockenem Landwein
und Gesprächen vom
Aufblühen der Nächte

Meditation zu Der Dichter
einem Bild von Hartmut Gürtler

ein Mensch
er hält die Augen geschlossen
so sieht schärfer er die Welt

hört
ihr Dröhnen genauer vernimmt
ihre Stille pendelt
zwischen Neonkrieg und Nacht
der Abgrund lärmt im Paradies

ein Mensch
er hält die Augen geschlossen
und begegnet dem
Schmerz wohlig und bitter

Das Bild in meiner Küche

38 Grad

ruhen
beten
schlafen

Zeit der Mittagsfliege

warte nur da
kommt nie mehr einer

Von Cunn nòh Löf

1.
se sòhn

Mussel

Cunna
Cochema
Klorra
Pumara
Koadena
Träisa
Mierena
Kera
Borjena
Hatzepotta
Brodebacha
Löwa

Muusel

2.
runna roff

Cunna	Peedche
Cochema	Heere
Klorra	Paramidja
Pumara	Spilles
Träisa	KZ
Mierena	wesse von nix
Kera	Eltz
Borjena	Bootcha
Hatzepotta	Katzekäpp
Brodebacha	Brelles
Löwa	hei, jò
Brodebacha	Keste
Hatzepotta	Türm
Borjena	Castor
Kera	Baach
Mierena	Naache
Träisa	Paradies
Pumara	Kerle, Mädcha
Klorra	Flur
Cochema	Klusta
Cunna	Nickeläsje

Papa

da wollen wir plötzlich
wieder große Dinge
beginnen, wie früher

deine Ratschläge mein Zögern
lass uns anfangen – voran!
so leben wir durch manche Nacht

noch im Erwachen aber senkt
der schwarze Vogel seinen
Schatten über uns schwebt

mit dir davon

Unbegriffen
in Erinnerung an Mario Drobneski

Mario
mit dem ich spreche über Nacht

weil
wir schwiegen unsere kurze Zeit
verschwiegenes Reden

nie daran dachten
wer wohl am Grab
des anderen stehen wird

hätten wir kürzer geschwiegen
doch
fiebriger nach Sprache gesucht

aber unzugänglich blieben die
Drachengebäude darauf
wispernde Sonnenflecken tanzten

Mario
mit dem ich spreche über Nacht

im schwindenden Raum zwischen
wachsender Dunkelheit und Tiefe

Unterm Weinlaub

die hohen Himmel
wie aussichtslos
Aussichten
nahe am Fluss

ein kleines Schillern
Satelliten Meteoren
Landeanflieger seit
wenigen Sommern

im Oktober der Mond
tolltrunken und kühn
lodernd zwischen
den Türmen der Thurant

im Oktober der Mond
durch Weinlaub erblinzelt
Waldgefährte
von Trunkenheit gefärbt

die hohen Himmel
Aussichten von anderswo
Landschaften
maßloser als hier

Eine jede lieben

wie gern würde ich
mit dir ein
kleines Leben
leben im großen

sehr klein und
vertraut
erwartungslos und
intensiv

ohne Abschied

Empor

Worte anders als
du bist
mit deinem Lachen
weiß und rot

deinem Blick über
den Rhein
im Kuss mit
geschlossenen Lidern

einer vollkommenen
Begierde
erwachsen aus dem
Sog der Gestrigkeit

Mein Conder Gruß

mein Gruß an euch ist kein Wort
keine Floskel, kein Satz, keine Phrase
mein Gruß ist ein Laut
ein Urlaut fast
ein Klang aus meinem Dorf

in meinem Dorf
und nirgends sonst
grüßen sich *so* die Menschen

in meinem Dorf
an meinem Fluss
in meiner Sprache

ein Ò, wie bei offen
Orchidee und Onkel wie bei
Ossi und Oktobertag

aber nicht so kurz, wie bei offen
ist mein Gruß
er hat Zeit und zieht sich
und vibriert und klingt
er ist ganz Melodie
eine Symphonie von daheim
eine Hymne!

rund wie ein Fassreifen
ein Ring aus Zigarettenqualm
ein Kreis aus Kreide auf dem Feuerwehrplatz
ein Ton aus entspanntem, rundem Mund

wir singen uns an
in unserem Dorf zur Begrüßung

wir singen, da kommst du, hier komme ich
in einem runden, klingenden Laut
wie bei Orgel
aber das Ò in all seinen Schwingungen!

ein Trinklied oder Flamenco
ein Jazz oder ein Totengesang
in meinem Gruß erklingen sie
entstehen aus meinem Ò

und alle Trübnis, alles Licht
alle Jugend, alles Alter
und jeder geschlürfte 76er
jede eingerissene Gartenmauer
jede asphaltierte Gasse
und jedes altbekannte Gesicht
jede Aluminiumtür
jeder verbundsteingepflasterte Platz
wilder Wein an der Hausfassade
jeder Balken unter Putz
jeder übriggebliebene Wackerstein
die Eidechse am Stationsweg
jeder Kirschbaum, jede Weide
jede Erinnerung an das Lachen
der Bäckerstochter
und jedes Hochwasser
jedes Öchsle Grad im Herbst
jedes freie und belegte Fremdenzimmer
und all der Lärm in den Sommernächten
und schmuddelige Wintertage
jede gestutzte, gespritzte, gebundene Rebe
und der Brummschädel nach weinseliger Nacht
jedes Fest und jeder Alltag
summen mit in meinem Gruß

rund wie ein Fassreifen
ein Ring aus Zigarettenqualm
ein Kreis aus Kreide am Feuerwehrplatz
ein Ton aus entspanntem, rundem Mund

Ò
das ist mein Gruß!

Ernst Heimes, geboren 1956 in Cochem-Cond, lebt als Schriftsteller in Löf an der Mosel. In Koblenz betreibt er seit 1983 die Buchhandlung Heimes. Erste Buchveröffentlichungen in den 1970er Jahren. Vortrags- und Lesereisen im In- und Ausland. Von 1988 bis 2001 Auftritte als Kabarettist in ganz Deutschland. Verschiedene Förderungen und Auszeichnungen. Zahlreiche Buchveröffentlichungen, darunter die Bücher „Ich habe immer nur den Zaun gesehen", „Die Nacht geht Farben holen", "Das Ziel unserer Sehnsucht ist weit" und "Moseltalbrücke". Er verfasste die Schauspiele „Schatten von Menschen" sowie „Mirjam Ghettokind".

Anmerkung

Sämtliche Bilder stammen vom Autor und sind in unterschiedlichen Techniken, überwiegend Mischtechniken erstellt. Das Bild „Der Dichter", Seite 22, ist ein Ausschnitt aus dem gleichnamigen Ölgemälde von Hartmut Gürtler.

Das Bild auf Seite 24 - es trägt den Titel „Bootsrumpf" - ist nicht identisch mit dem daneben beschriebenen „Bild in meiner Küche"